QUINT BUCHHOLZ

Alles hat seine Zeit

Carl Hanser Verlag

Alles hat seine Zeit

Und jedes Tun unter dem Himmel hat seine Stunde

Geboren werden hat seine Zeit

Sterben hat seine Zeit

Pflanzen hat seine Zeit

Ernten hat seine Zeit

Töten hat seine Zeit

Heilen hat seine Zeit

Niederreißen hat seine Zeit

Aufbauen hat seine Zeit

Weinen hat seine Zeit

Lachen hat seine Zeit

Klagen hat seine Zeit

Tanzen hat seine Zeit

Steine werfen hat seine Zeit

Steine sammeln hat seine Zeit

Umarmen hat seine Zeit

Loslassen hat seine Zeit

Suchen hat seine Zeit

Verlieren hat seine Zeit

Bewahren hat seine Zeit

Wegwerfen hat seine Zeit

Zerreißen hat seine Zeit

Zusammennähen hat seine Zeit

Schweigen hat seine Zeit

Reden hat seine Zeit

Lieben hat seine Zeit

Hassen hat seine Zeit

Streit hat seine Zeit

Friede hat seine Zeit

Quint Buchholz, 1957 in Stolberg geboren, studierte Kunstgeschichte und später Malerei und Grafik an der Kunstakademie in München. Heute lebt er in Ottobrunn. Mit seinem Bilderbuch *Schlaf gut, kleiner Bär* gelang ihm 1993 der erste internationale Erfolg. Für Hanser hat er u.a. Bücher von Elke Heidenreich, Jostein Gaarder und Amos Oz, aber auch zahlreiche eigene Texte illustriert. 1997 erschien *Der Sammler der Augenblicke*, das mit vielen nationalen und internationalen Preisen ausgezeichnet wurde. Zuletzt erschienen bei Hanser *Im Land der Bücher* (2013) und das von ihm illustrierte Liederbuch *Sonne, Mond und Abendstern* von Dorothée Kreusch-Jacob (2017).

Der Text aus dem Prediger 3,1–8 folgt der Übersetzung der Lutherbibel, die Quint Buchholz für diese Ausgabe bearbeitet hat.

1. Auflage 2020

ISBN 978-3-446-26559-2
© 2020 Carl Hanser Verlag GmbH & Co. KG, München
Umschlag: Peter-Andreas Hassiepen, München
Motiv: Quint Buchholz, 2020
Satz im Verlag
Druck und Bindung: TBB, a.s., Banská Bystrica
Printed in Slovak Republic